Impressum
Verlag: BABADADA GmbH, Nedderfeld 112 , 22529 Hamburg
Geschäftsführer / Verlagsleitung: Harald Hof
Druck: Books on Demand GmbH, In de Tarpen 42, 22848 Norderstedt

Imprint
Publisher: BABADADA GmbH, Nedderfeld 112 , 22529 Hamburg, Germany
Managing Director / Publishing direction: Harald Hof
Print: Books on Demand GmbH, In de Tarpen 42, 22848 Norderstedt, Germany

Szkoła
škola

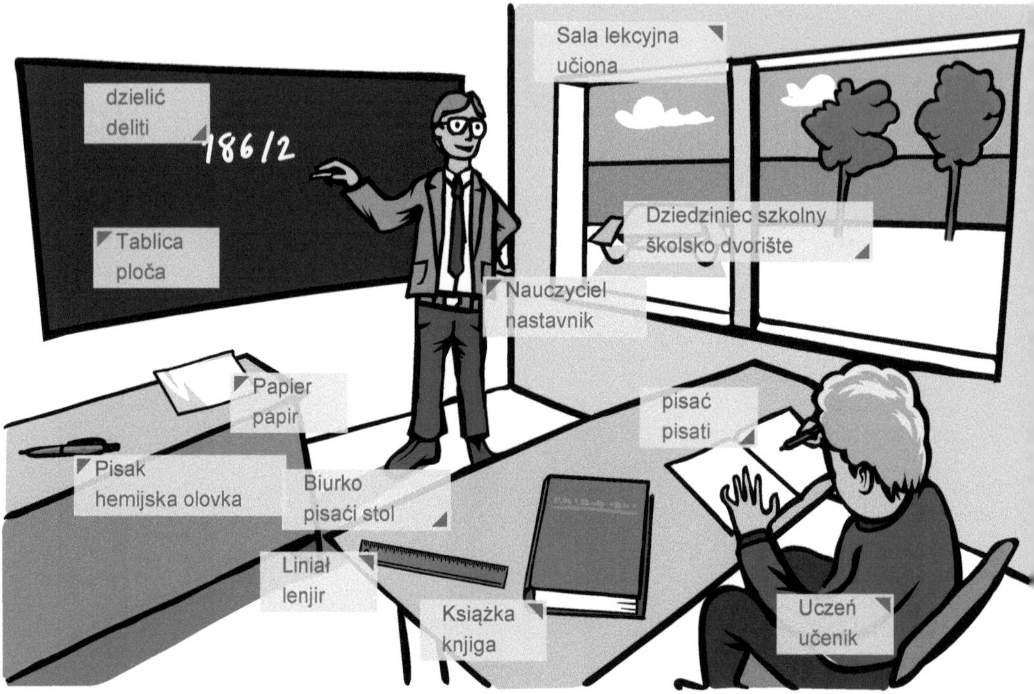

Sala lekcyjna
učiona
dzielić
deliti
186/2
Tablica
ploča
Dziedziniec szkolny
školsko dvorište
Nauczyciel
nastavnik
Papier
papir
pisać
pisati
Pisak
hemijska olovka
Biurko
pisaći stol
Liniał
lenjir
Książka
knjiga
Uczeń
učenik

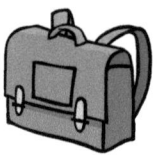

Plecak szkolny

torba

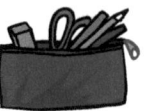

Piórnik

pernica

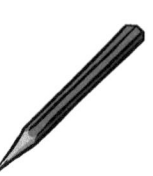

Ołówek

grafitna olovka

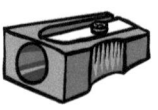

Temperówka

šiljilo za olovke

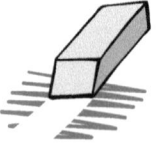

Gumka do mazania

gumica za brisanje

Blok rysunkowy

blok za crtanje

Rysunek	Pędzel	Pudełko z akwarelami
crtež	kist	kutija sa bojama

Nożyce	Klej	Książka do ćwiczenia
makaze	lepilo	beležnica

Zadanie domowe	Liczba	dodawać
domaći zadatak	broj	sabirati

odejmować	mnożyć	liczyć
oduzimati	množiti	računati

ABCDEFG HIJKLMN OPQRSTU VWXYZ

Litera	Alfabet	Słowo
slovo	abeceda	reč

Tekst

tekst

czytać

čitati

Kreda

kreda

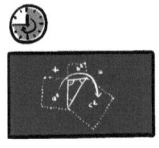

Godzina

čas

Dziennik lekcyjny

dnevnik

Egzamin

ispit

Świadectwo

svedočanstvo

Mundurek szkolny

školska uniforma

Wykształcenie

obrazovanje

Leksykon

leksikon

Uniwersytet

univerzitet

Mikroskop

mikroskop

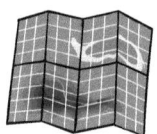

Mapa

karta

Kosz na odpadki

košara za papir

Hotel
hotel

Grand

Schronisko
prenoćište

ROOMS

Kantor wymiany walut
menjačnica

EXCHANGE

Walizka
kofer

Auto
auto

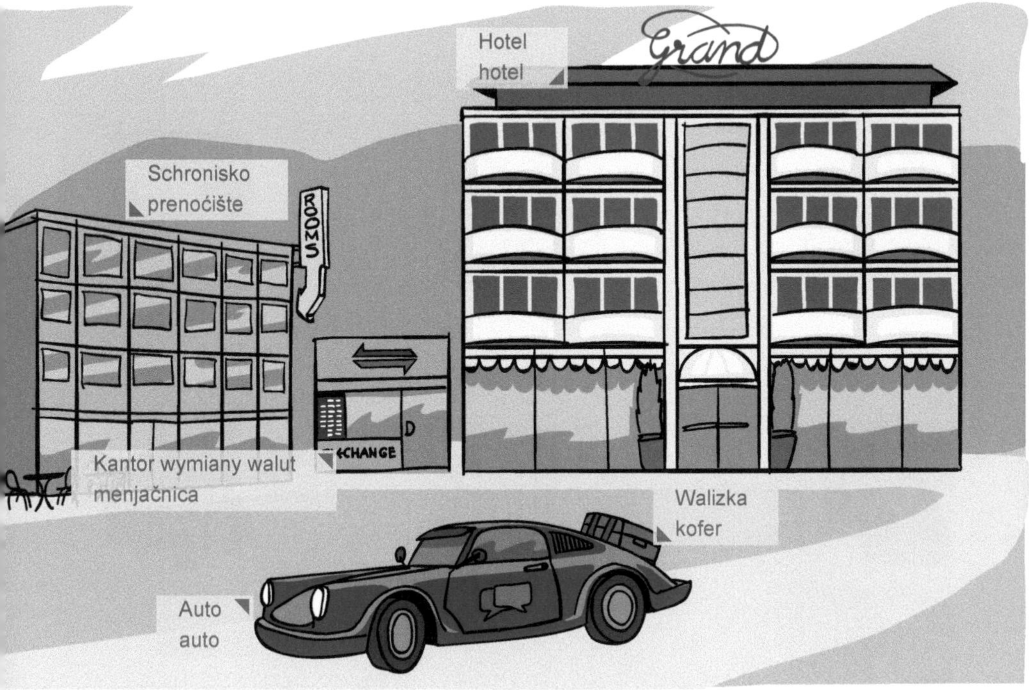

Język

jezik

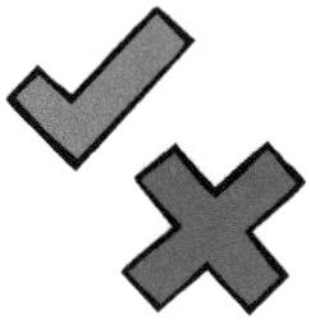

tak / nie

da / ne

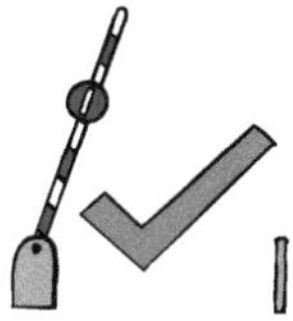

OK

okej

Halo

zdravo

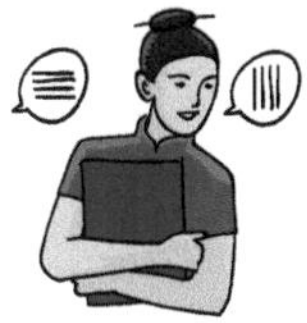

Tłumacz

prevodilac

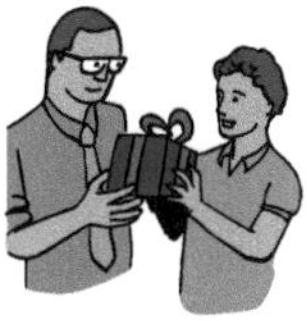

Dziękuję

hvala

Ile kosztuje ...?

Koliko košta...?

Nie rozumiem

ne razumem

Problem

problem

Dobry wieczór!

dobro veče!

Dzień dobry!

Dobro jutro!

Dobranoc!

Laku noć!

Do widzenia

doviđenja

Kierunek

smer

Bagaż

prtljaga

Torba

torba

Plecak

ruksak

Gość

gost

Pokój

soba

Śpiwór

vreća za spavanje

Namiot

šator

Informacja turystyczna

turističke informacije

Plaża

plaža

Karta kredytowa

kreditna kartica

Śniadanie

doručak

Obiad

ručak

Kolacja

večera

Bilet

karta za vožnju

Winda

lift

Znaczek na list

poštanska markica

Granica

granica

Cło

carina

Ambasada

ambasada

Wiza

viza

Paszport

pasoš

Transport
transport

Samolot
avion

Statek
brod

Pojazd straży pożarnej
vatrogasno vozilo

Autobus
autobus

Samochód ciężarowy
teretno vozilo

Łódź motorowa
motorni čamac

Rower
bicikl

Auto
auto

Prom

trajekt

Łódź

čamac

Motocykl

motocikl

Radiowóz policyjny

policijski auto

Samochód wyścigowy

trkaći auto

Samochód wypożyczony

iznajmljeno auto

Wspólne przejazdy
samochodem
delenje automobila

Samochód pomocy
drogowej
vučno vozilo

Śmieciarka

vozilo za odvoz smeća

Silnik

motor

Benzyna

benzin

Stacja benzynowa

benzinska stanica

Znak drogowy

saobraćajni znak

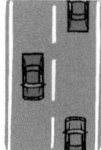

Ruch

saobraćaj

Korek

zastoj

Parking

parkiralište

Dworzec

željeznička stanica

Szyny

šine

Pociąg

voz

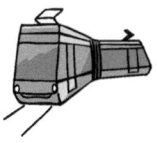

Tramwaj

tramvaj

Wagon

vagon

Helikopter

helikopter

Lotnisko

aerodrom

Wieża

kula

Pasażer

putnik

Kontener

kontejner

Karton

karton

Taczka

kolica

Kosz

korpa

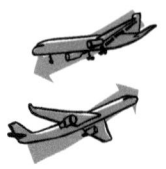

startować / lądować

uzleteti / sleteti

Miasto

grad

Wieś

selo

Centrum miasta

centar grada

Dom

kuća

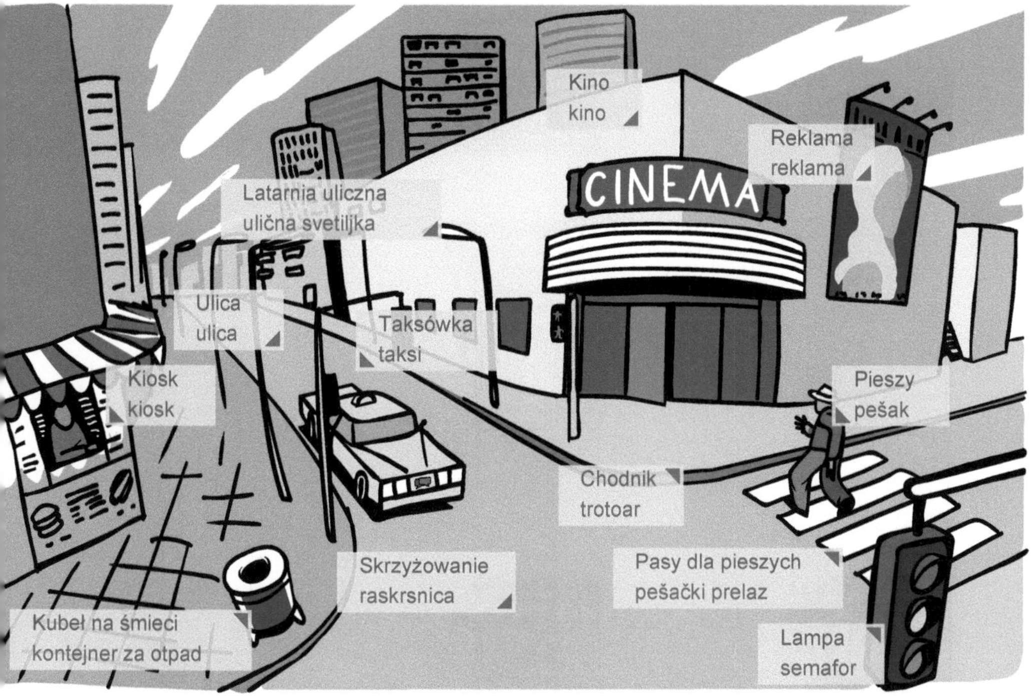

Kino
kino

Reklama
reklama

Latarnia uliczna
uliczna svetiljka

CINEMA

Ulica
ulica

Taksówka
taksi

Pieszy
pešak

Kiosk
kiosk

Chodnik
trotoar

Kubeł na śmieci
kontejner za otpad

Skrzyżowanie
raskrsnica

Pasy dla pieszych
pešački prelaz

Lampa
semafor

Chata
....
koliba

Mieszkanie
....
stan

Dworzec
....
železnička stanica

Ratusz
....
većnica

Muzeum
....
muzej

Szkoła
....
škola

Uniwersytet

univerzitet

Bank

banka

Szpital

bolnica

Hotel

hotel

Apteka

apoteka

Biuro

kancelarija

Księgarnia

knjižara

Sklep

prodavnica

Kwiaciarnia

cvećara

Supermarket

supermarket

Rynek

trg

Dom towarowy

robna kuća

Sklep z rybami

ribarnica

Centrum handlowe

trgovački centar

Port

luka

Park
park

Ławka
klupa

Most
most

Schody
stepenice

Metro
podzemna željeznica

Tunel
tunel

Przystanek autobusowy
autobuska stanica

Bar
bar

Restauracja
restoran

Skrzynka na listy
poštansko sanduče

Tabliczka z nazwą ulicy
ulični znak

Parkometr
parkirni automat

Zoo
zoološki vrt

Łaźnia
bazen

Meczet
džamija

Gospodarstwo chłopskie

seosko gazdinstvo

Zanieczyszczenie
środowiska
zagađenje okoline

Cmentarz

groblje

Kościół

crkva

Plac zabaw

igralište

Świątynia

hram

Krajobraz
pejsaž

Liść
list

Drogowskaz
putokaz

Droga
put

Łąka
livada

Kamień
kamen

Drzewo
drvo

Wędrowiec
šetač

Rzeka
reka

Trawa
trava

Kwiat
cvijet

Dolina

dolina

Góra

planina

Jezioro

jezero

Las

šuma

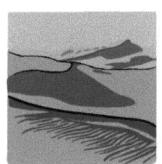

Pustynia

pustinja

Wulkan

vulkan

Zamek

dvorac

Tęcza

duga

Grzyb

gljiva

Palma

palma

Komar

moskito

Mucha

muva

Mrówka

mrav

Pszczoła

pčela

Pająk

pauk

Chrząszcz

buba

Żaba

żaba

Wiewiórka

veverica

Jeż

jeż

Zając

zec

Sowa

sova

Ptak

ptica

Łabędź

labud

Dzik

divlja svinja

Jeleń

jelen

Łoś

los

Tama

nasip

Wiatrak

vetrenjača

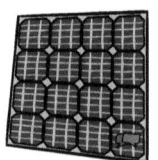

Moduł solarny

solarna ploča

Klimat

klima

Restauracja
restoran

Kelner
konobar
Menu
jelovnik
Krzesło
stolica
Zupa
supa
Pizza
pica
Obrus
stolnjak
Sztućce
pribor za jelo

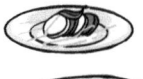

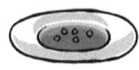

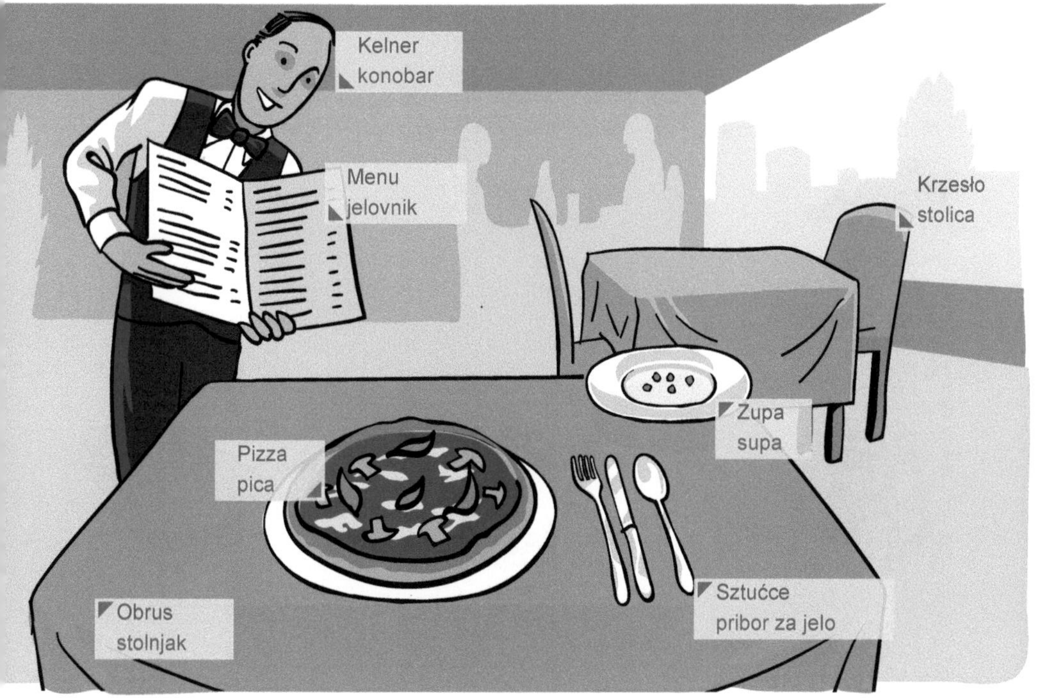

Przystawka
predjelo

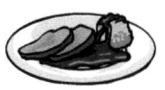

Danie główne
glavno jelo

Deser
desert

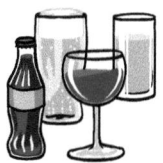

Napoje
napitci

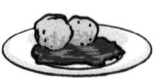

Jedzenie
jelo

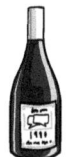

Butelka
flaša

Fastfood

brza hrana

Streetfood

imbis hrana

Dzbanek na herbatę

čajnik

Cukierniczka

doza za šećer

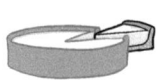

Porcja

porcija

Zaparzarka do espresso

aparat za espresso

Krzesło dla dziecka

visoka stolica

Rachunek

račun

Taca

poslužavnik

Noż

nož

Widelec

viljuška

Łyżka

kašika

Łyżeczka

čajna kašika

Serwetka

salveta

Szklanka

čaša

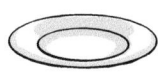

Talerz

tanjir

Talerz do zupy

tanjir za supu

Podstawek pod filiżankę

tanjirić

Sos

sos

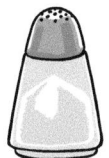

Solniczka

soljenka

Młynek do pieprzu

mlin za biber

Ocet

sirće

Olej

ulje

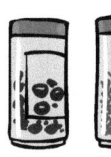

Przyprawy

začini

Keczup

kečap

Musztarda

senf

Majonez

majoneza

Supermarket
supermarket

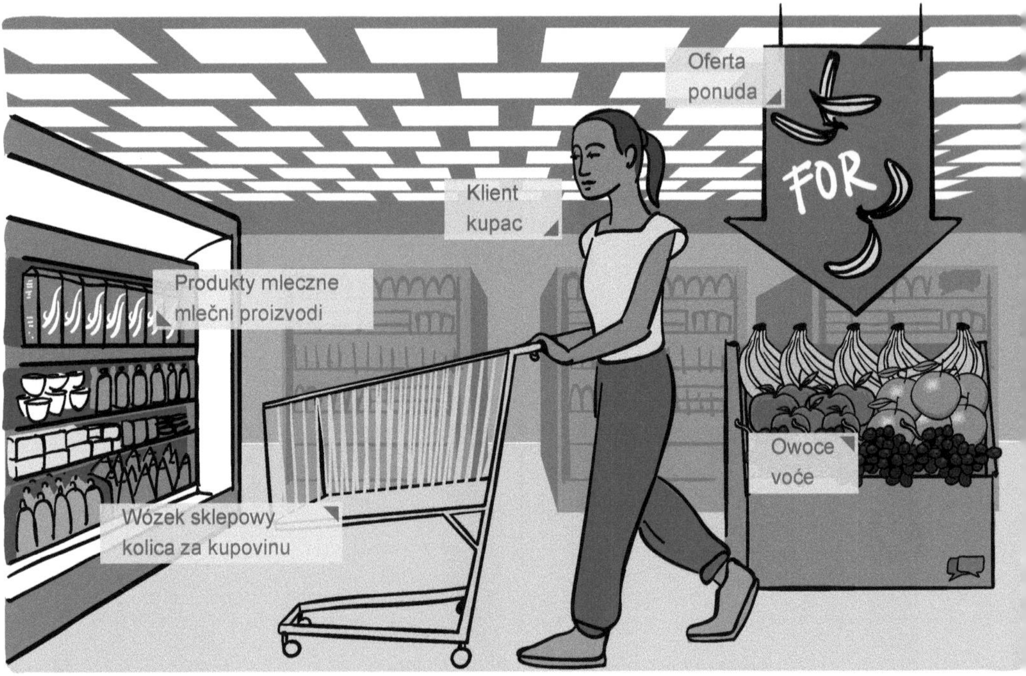

Oferta
ponuda
FOR
Klient
kupac
Produkty mleczne
mlečni proizvodi
Owoce
voće
Wózek sklepowy
kolica za kupovinu

BUTCHERS

Rzeźnia

mesnica

BAKERY

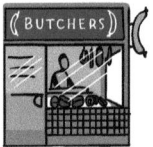

Piekarnia

pekara

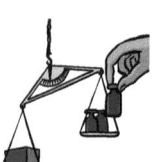

ważyć

vagati

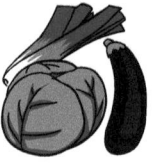

Warzywa

povrće

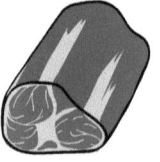

Mięso

meso

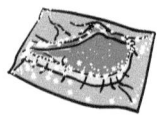

Mrożonki

smrznuta hrana

Wędliny

narezak

Konserwy

konzerve

Proszek m do prania

sredstvo za pranje

Słodycze

slatkiši

Artykuły użytku domowego

artikli za domaćinstvo

Środek czyszczący

sredstva za čišćenje

Sprzedawczyni

prodavačica

Kasa

blagajna

Kasjer

blagajnik

Lista zakupów

lista za kupovinu

Godziny otwarcia

vreme rada

Portfel

novčanik

Karta kredytowa

kreditna kartica

Torba

torba

Torebka plastikowa

plastična kesa

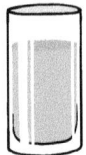

Woda

voda

Sok

sok

Mleko

mleko

Cola

kola

Wino

vino

Piwo

pivo

Alkohol

alkohol

Kakao

kakao

Herbata

čaj

Kawa

kava

Espresso

espresso

Cappuccino

cappuccino

Banan

banana

Jabłko

jabuka

Pomarańcza

narandża

Arbuz

lubenica

Cytryna

limun

Marchew

šargarepa

Czosnek

beli luk

Bambus

bambus

Cebula

luk

Grzyb

gljiva

Orzechy

orašasti plodovi

Makaron

rezanci

Spaghetti

špagete

Ryż

riža

Sałatka

salata

Frytki

pomfrit

Ziemniaki pieczone

pečeni krumpir

Pizza

pica

Hamburger

hamburger

Kanapka

sendvič

Sznycel

šnicla

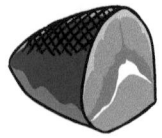

Szynka

šunka

Salami

salama

Kiełbasa

kobasica

Kura

kokoš

Pieczeń

pečenje

Ryba

riba

Płatki owsiane

zobene pahuljice

Musli

musli

Płatki kukurydziane

kukuruzne pahuljice

Mąka

brašno

Croissant

kroasan

Bułka

pecivo

Chleb

hleb

Toast

toast

Ciastka

keksi

Masło

maslac

Twarożek

sveži sir

Ciasto

kolač

Jajko

jaje

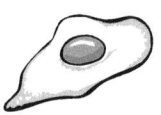

Jajko sadzone

jaje na oko

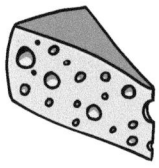

Ser

sir

Lody

sladoled

Cukier

šećer

Miód

med

Marmolada

marmelada

Krem nugatowy

nugat krema

Curry

kari

Gospodarstwo chłopskie
seosko gazdinstvo

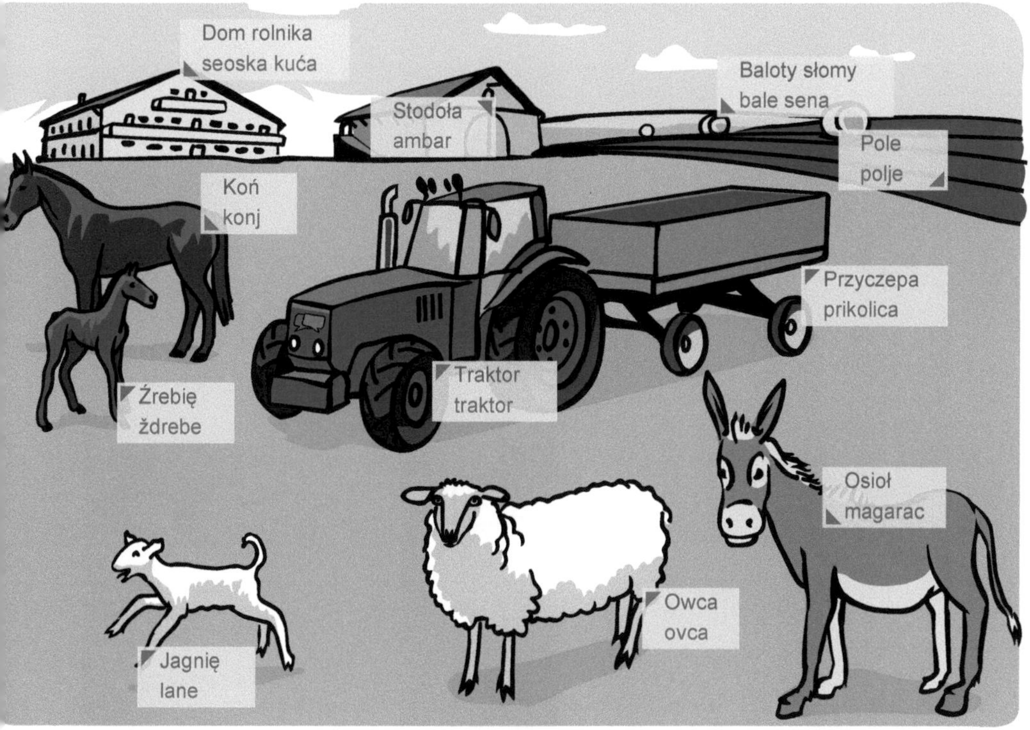
Dom rolnika
seoska kuća
Stodoła
ambar
Baloty słomy
bale sena
Pole
polje
Koń
konj
Przyczepa
prikolica
Traktor
traktor
Źrebię
ždrebe
Osioł
magarac
Owca
ovca
Jagnię
lane

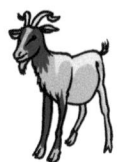

Koza
koza

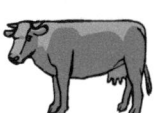

Krowa
krava

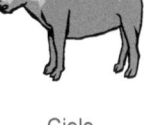

Cielę
tele

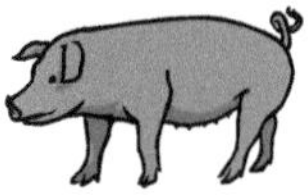

Świnia
svinja

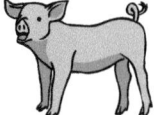

Prosię
prase

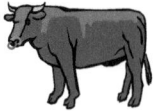

Byk
bik

Gęś

guska

Kaczka

patka

Kurczątko

pilići

Kura

kokoš

Kogut

petao

Szczur

pacov

Kot

mačka

Mysz

miš

Osioł

vol

Pies

pas

Buda dla psa

kućica za psa

Wąż ogrodowy

vrtno crevo

Konewka

kanta za polivanje

Kosa

kosa

Pług

plug

Sierp

srp

Graca

motika

Widły

viljuška za đubrivo

Siekiera

sekira

Taczka

tačke

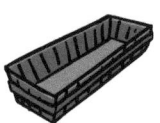

Koryto

korito

Kanka na mleko

posuda za mleko

Worek

vreća

Płot

ograda

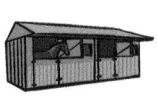

Stajnia

štala

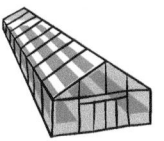

Szklarnia

staklenik

Ziemia

zemlja

Nasiona

seme

Nawóz

đubrivo

Kombajn zbożowy

kombajn

zbierać

żeti

Żniwa

żetva

Podchrzyn

jams začin

Pszenica

pšenica

Soja

soja

Ziemniak

krumpir

Kukurydza

kukuruz

Rzepak

uljana repica

Drzewo owocowe

voćka

Maniok

gomolj manioke

Zboże

žitarice

Dom
kuća

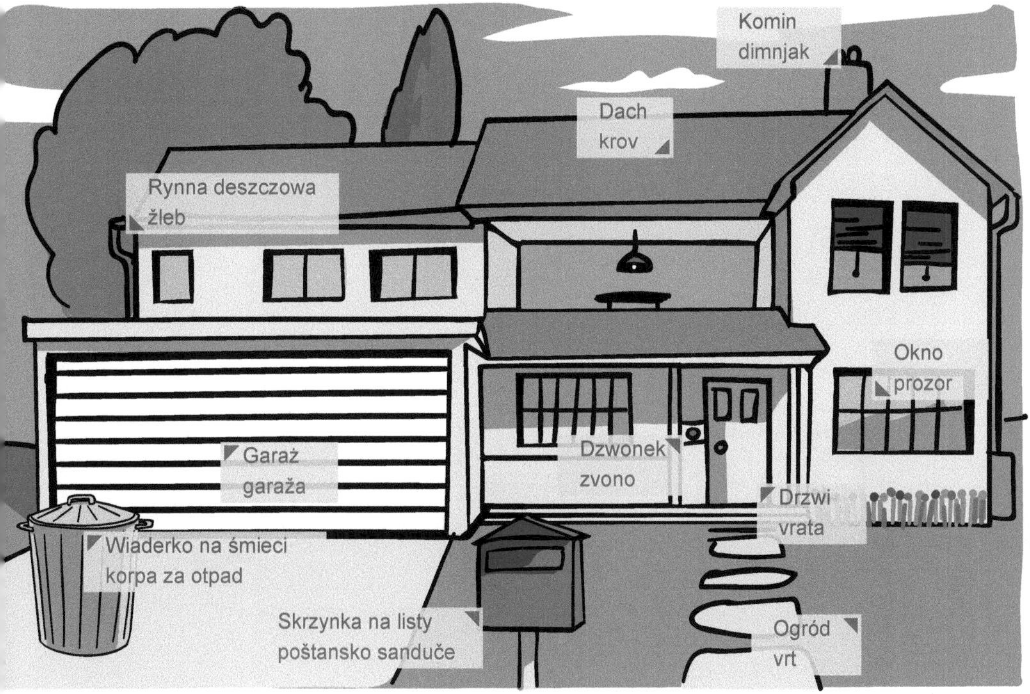
Komin
dimnjak
Dach
krov
Rynna deszczowa
žleb
Okno
prozor
Garaż
garaža
Dzwonek
zvono
Drzwi
vrata
Wiaderko na śmieci
korpa za otpad
Skrzynka na listy
poštansko sanduče
Ogród
vrt

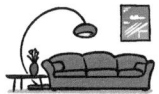

Pokój dzienny

dnevna soba

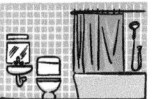

Łazienka

kupaonica

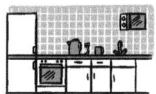

Kuchnia

kuhinja

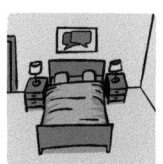

Sypialnia

spavaća soba

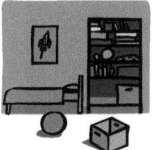

Pokój dziecięcy

dečija soba

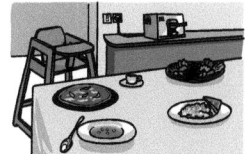

Jadalnia

trpezarija

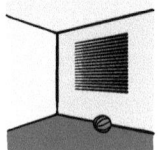

Ziemia
pod

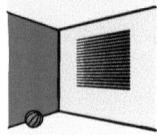

Ściana
zid

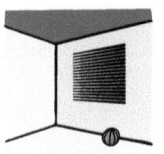

Koc
strop

Piwnica
podrum

Sauna
sauna

Balkon
balkon

Taras
terasa

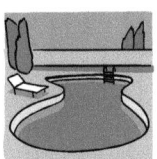

Basen
bazen

Kosiarka do trawy
kosilica za travu

Poszwa
posteljina za krevet

Kołdra
deka za krevet

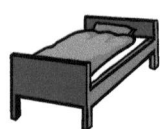

Łóżko
krevet

Miotła
metla

Wiadro
kanta

Włącznik
prekidač

Pokój dzienny
dnevna soba

Tapeta
tapeta
Obraz
slika
Lampa
svetiljka
Regał
regal
Szafa
ormar
Telewizor
televizija
Komin
kamin
Kwiat
cvijet
Poduszka
jastuk
Kanapa
kauč
Wazon
vaza
Pilot
daljinski upravljač

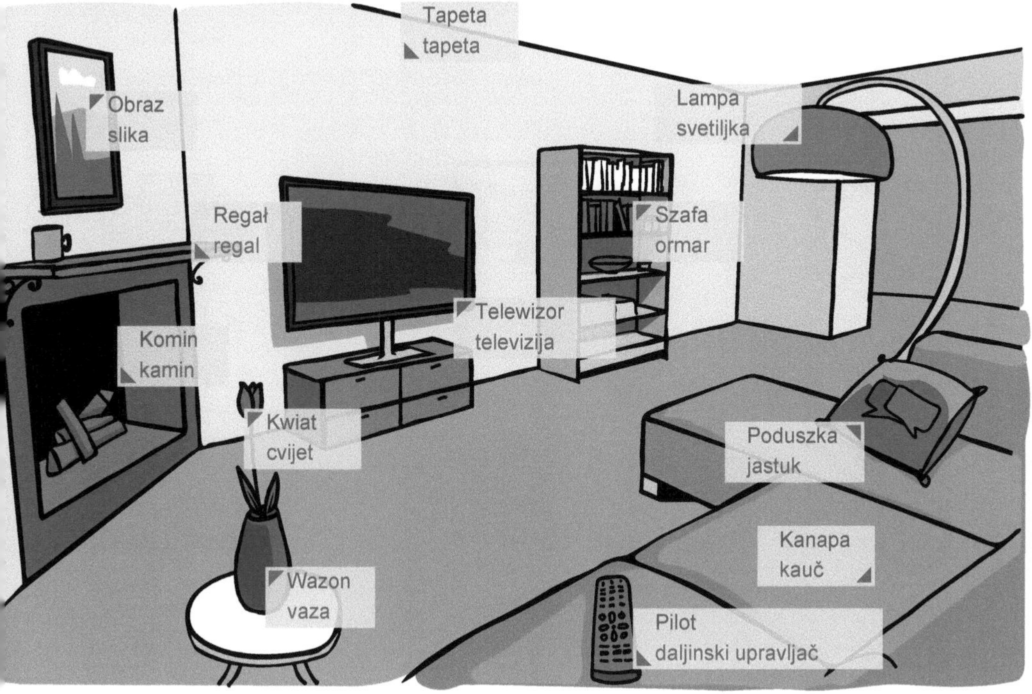

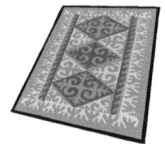

Dywan

tepih

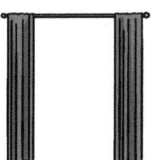

Zasłona

zavesa

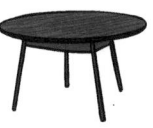

Stół

sto

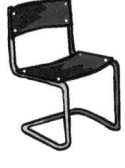

Krzesło

stolica

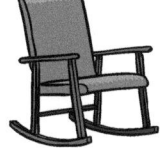

Bujak

stolica za njihanje

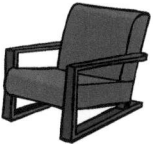

Fotel

fotelja

Książka
knjiga

Sufit
deka

Dekoracja
dekoracija

Drewno kominkowe
drvo za ogrev

Film
film

Instalacja stereo
hi-fi uređaj

Klucz
ključ

Gazeta
novine

Malunek
slika na platnu

Plakat
poster

Radio
radio

Notatnik
blok za pisanje

Odkurzacz
usisivač

Kaktus
kaktus

Świeczka
sveća

Kuchnia
kuhinja

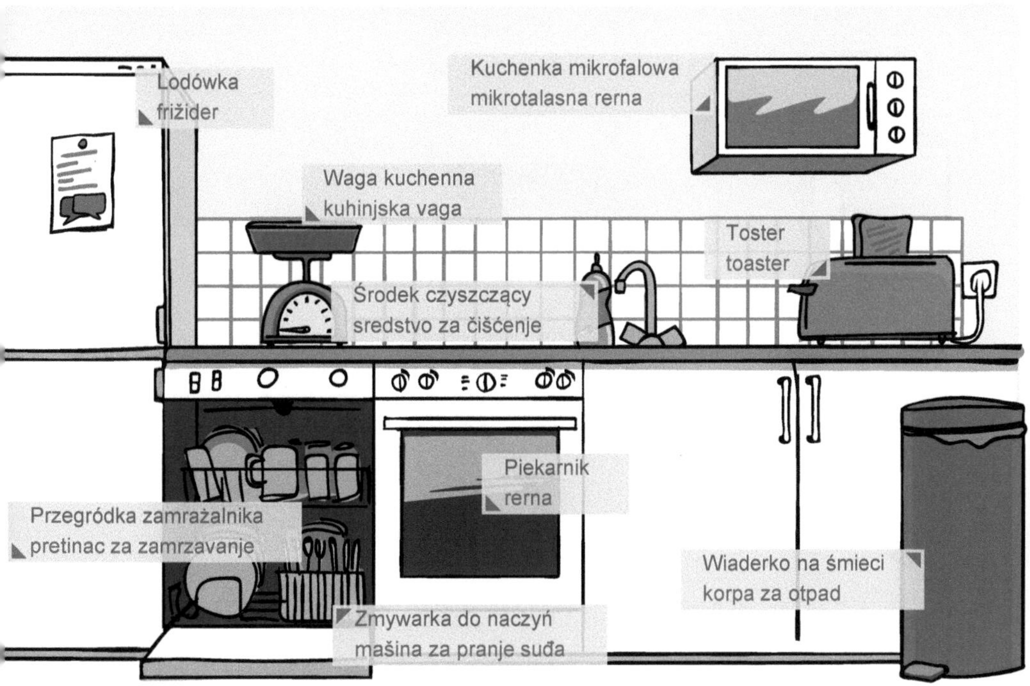

Lodówka
frižider
Kuchenka mikrofalowa
mikrotalasna rerna
Waga kuchenna
kuhinjska vaga
Toster
toaster
Środek czyszczący
sredstvo za čišćenje
Piekarnik
rerna
Przegródka zamrażalnika
pretinac za zamrzavanje
Wiaderko na śmieci
korpa za otpad
Zmywarka do naczyń
mašina za pranje suđa

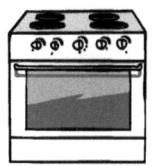

Kuchenka

šporet

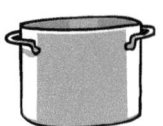

Garnek

lonac

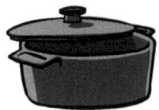

Kocioł żeliwny

gvozdeni lonac

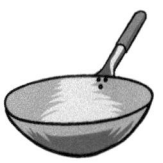

Wok / Kadai

wok / kadai

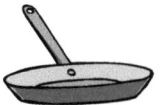

Patelnia

tava

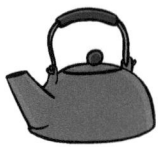

Czajnik

kuvalo za vodu

Parowar

kuvalo na paru

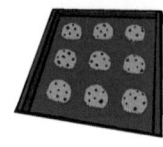

Blacha do pieczenia

lim za pečenje

Naczynia kuchenne

posuđe

Kubek

čaša

Miska

posuda

Pałeczki

štapići za jelo

Nabierka

kutlača

Łopatka do smażenia

lopatica

Trzepaczka do śmietany

penjača

Cedzak

sito za kuvanje

Sitko

sito

Tarka

ribež

Moździerz

mužar

Grillowanie

roštilj

Palenisko

ognjište

Deska

daska

Wałek do ciasta

oklagija

Korkociąg

vadičep

Puszka

konzerva

Otwieracz do puszek

otvarač konzervi

Ściereczka do trzymania garnka

krpa za lonac

Umywalka

sudoper

Szczotka

četka

Gąbka

sunđer

Mikser

mikser

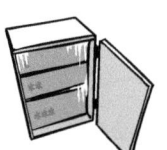

Zamrażarka

zamrzivač

Butelka dla niemowlęcia

flašica za bebe

Kran

slavina za vodu

Łazienka
kupaonica

Prysznic
tuš
Ogrzewanie
grejanje
Ręcznik
peškir
Kotara prysznicowa
zavesa za tuš
Płyn do kąpieli
penušava kupka
Wanna kąpielowa
kada
Szklanka
čaša
Pralka
mašina za pranje veša
Kran
slavina za vodu
Kafelki
pločice
Nocnik
tuta
Umywalka
sudoper

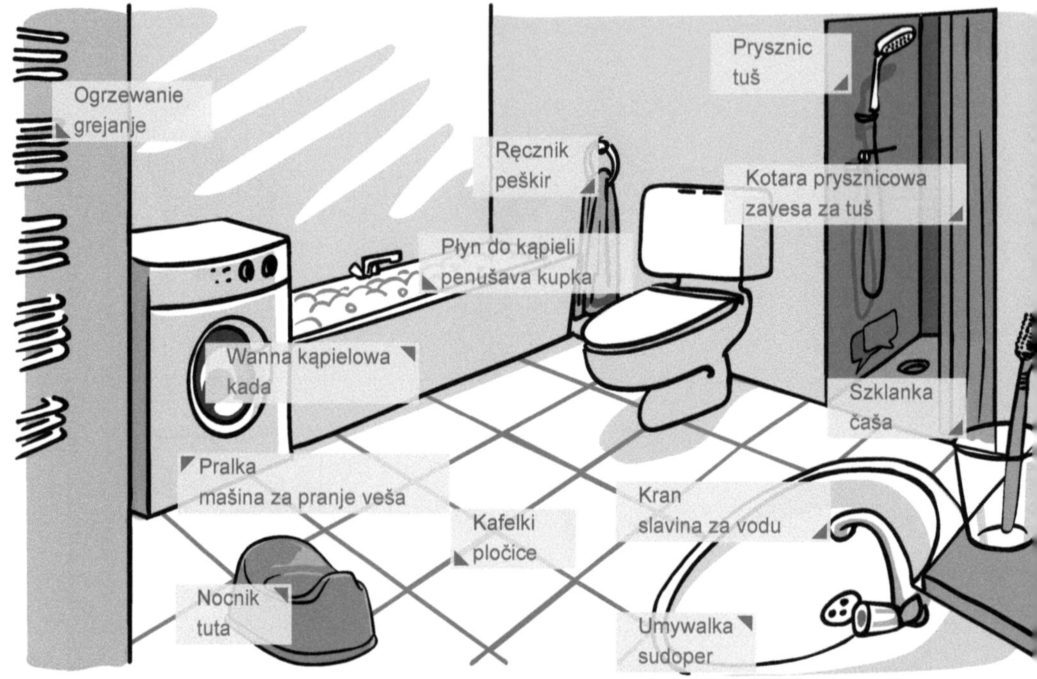

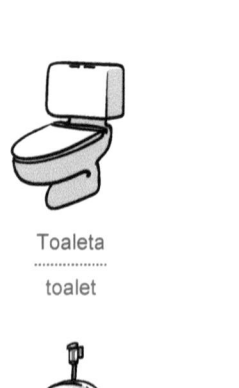

Toaleta
toalet

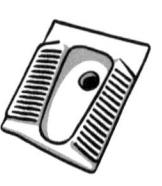

Toaleta kuczna
čučavac

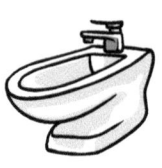

Bidet
bidet

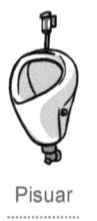

Pisuar
pisoar

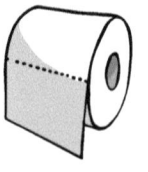

Papier toaletowy
toaletni papir

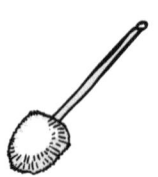

Szczotka toaletowa
četka za toalet

Szczoteczka do zębów

četkica za zube

Pasta do zębów

pasta za zube

Nitki do czyszczenia zębów

konac za zube

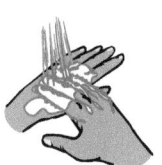

myć

prati

Głowica prysznicowa

tuš ručica

Płyn kąpielowy do higieny intymnej

tuš za pranje intimnih delova

Miska do mycia

lavor

Szczotka kąpielowa

četka za pranje leđa

Mydło

sapun

Żel prysznicowy

gel za tuširanje

Szampon

šampon

Rękawica kąpielowa

krpa za pranje

Odpływ

odvod

Krem

krema

Dezodorant

dezodorans

Lustro

ogledalo

Lustro kosmetyczne

kozmetičko ogledalo

Golarka

brijač

Pianka do golenia

pena za brijanje

Woda po goleniu

losion za posle brijanja

Grzebień

češalj

Szczotka

četka

Suszarka do włosów

fen za kosu

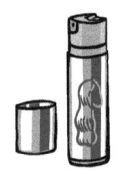

Spray do włosów

sprej za kosu

Makijaż

makeup

Pomadka

ruž za usne

Lakier do paznokci

lak za nokte

Wata

vata

Nożyczki do paznokci

makaze za nokte

Perfum

parfem

Kosmetyczka

kozmetička torbica

Taboret

stolica

Waga

vaga

Szlafrok kąpielowy

ogrtač

Rękawice gumowe

rukavice za čišćenje

Tampon

tampon

Podpaska damska

uložak

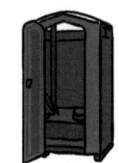

Toaleta chemiczna

hemijski toalet

Pokój dziecięcy
dečija soba

Budzik
budilnik
Pluszowa przytulanka
plišana igračka
Samochodzik
auto igračka
Grzechotka
zvečka
Domek dla lalek
kućica za lutke
Prezent
poklon

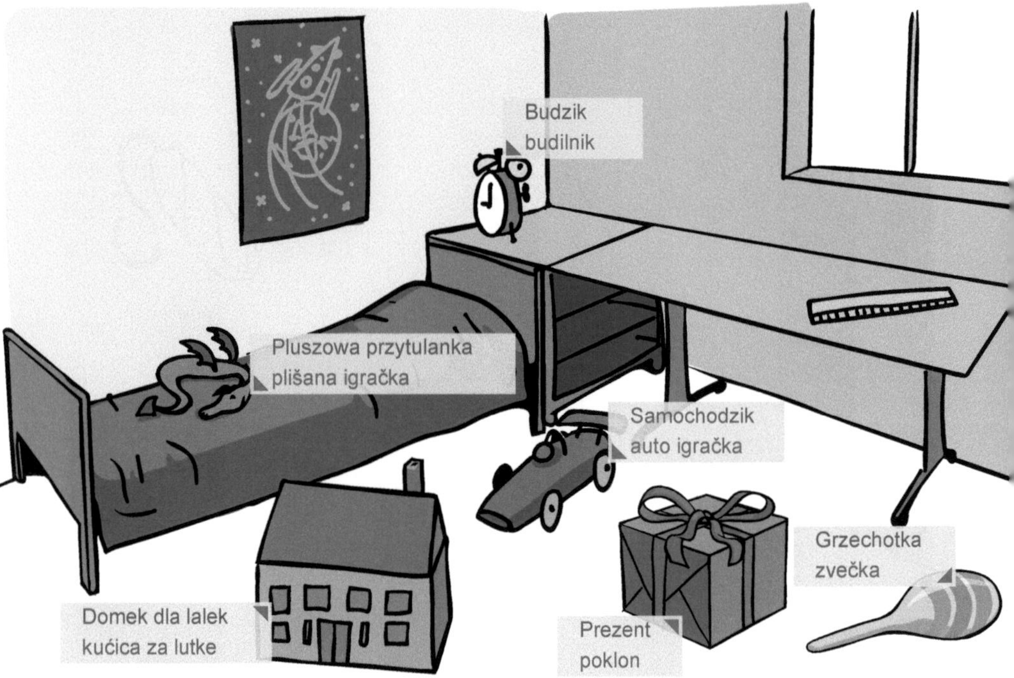

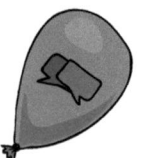

Balon

balon

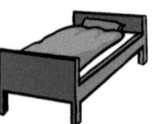

Łóżko

krevet

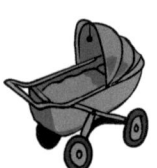

Wózek dziecięcy

dječija kolica

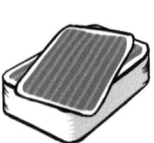

Gra w karty

igra s kartama

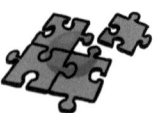

Puzzle

slagalica

Komiks

strip

Klocki lego

lego kockice

Klocki

kockice za slaganje

Action figura

akcioni junak

Śpioszek dziecięcy

benkica za bebe

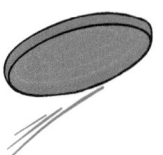

Frisbee

frizbi

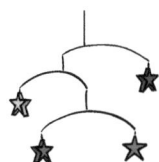

Zabawki ruchome

viseće igračke

Gra planszowa

društvene igre

Kości

kocka

Kolejka elektryczna

minijaturna željeznica

Smoczek

duda

Przyjęcie

zabava

Książka z ilustracjami

slikovnica

Piłka

lopta

Lalka

lutka

bawić się

igrati

Piaskownica

pješčanik

Huśtawka

ljuljačka

Zabawki

igračka

Konsola do gier

konzola za igre

Rowerek trójkołowy

tricikl

Pluszowy miś

tedi

Szafa ubraniowa

ormar

Ubiór

odeća

Skarpety

kratke čarape

Pończochy

čarape

Rajstopy

hulahopke

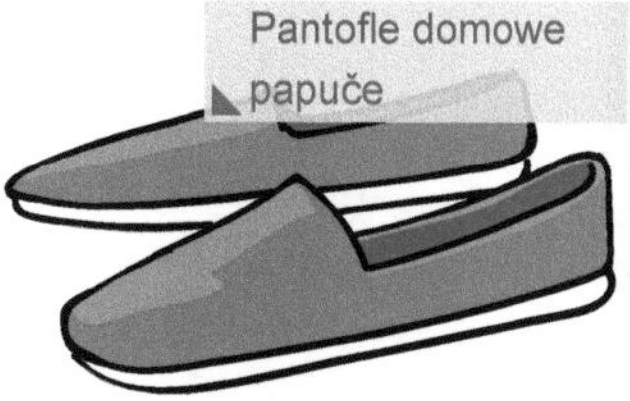

Szal
šal

Parasol
kišobran

T-Shirt
majica

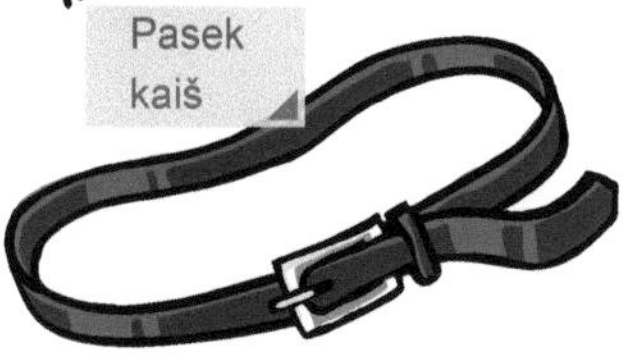

Pasek
kaiš

Kozaki
čizme

Pantofle domowe
papuče

Obuwie sportowe
patike

Sandały

sandale

Buty

cipele

Kalosze

gumene čizme

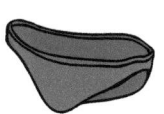

Majtki

gaćice

Biustonosz

grudnjak

Podkoszulek

potkošulja

Body
....
bodi

Spodnie
....
pantalone

Dżins
....
farmerke

Spódnica
....
suknja

Bluzka
....
bluza

Koszula
....
košulja

Pulower
....
džemper

Bluza sportowa
....
džemper s kapuljačom

Marynarka
....
sako

Kurtka
....
jakna

Płaszcz
....
kaput

Płaszcz przeciwdeszczowy
....
kabanica

Kostium
....
kostim

Sukienka
....
haljina

Suknia ślubna
....
venčanica

Garnitur męski

odelo

Koszula nocna

spavaćica

Piżama

pidžama

Sari

sari

Chusta na głowę

marama za glavu

Turban

turban

Burka

burka

Kaftan

kaftan

Abaya

abaja

Strój kąpielowy

kupaći kostim

Kąpielówki

kupaće gaćice

Krótkie spodnie

kratke pantalone

Dres sportowy

odeća za trening

Fartuch

kecelja

Rękawiczki

rukavice

Guzik

dugme

Okulary

naočare

Bransoletka

narukvica

Łańcuszek

ogrlica

Pierścionek

prsten

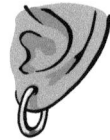

Kolczyk

naušnica

Czapka

kapa

Wieszak

vešalica

Kapelusz

šešir

Krawat

kravata

Zamek błyskawiczny

patent zatvarač

Kask

kaciga

Szelki

naramenice

Mundurek szkolny

školska uniforma

Mundur

uniforma

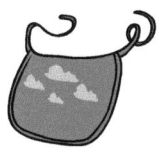

Śliniaczek

podbradak

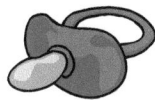

Smoczek

duda

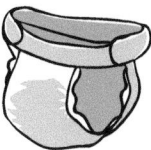

Pieluszka

pelena

Biuro
kancelarija

Serwer
server
Szafa na akta
ormar za spise
Papier
papir
Drukarka
štampač
Monitor
monitor
Mysz
miš
Biurko
pisaći stol
Segregator
mapa
Klawiatura
tastatura
Kosz na odpadki
košara za papir
Komputer
kompjuter
Krzesło
stolica

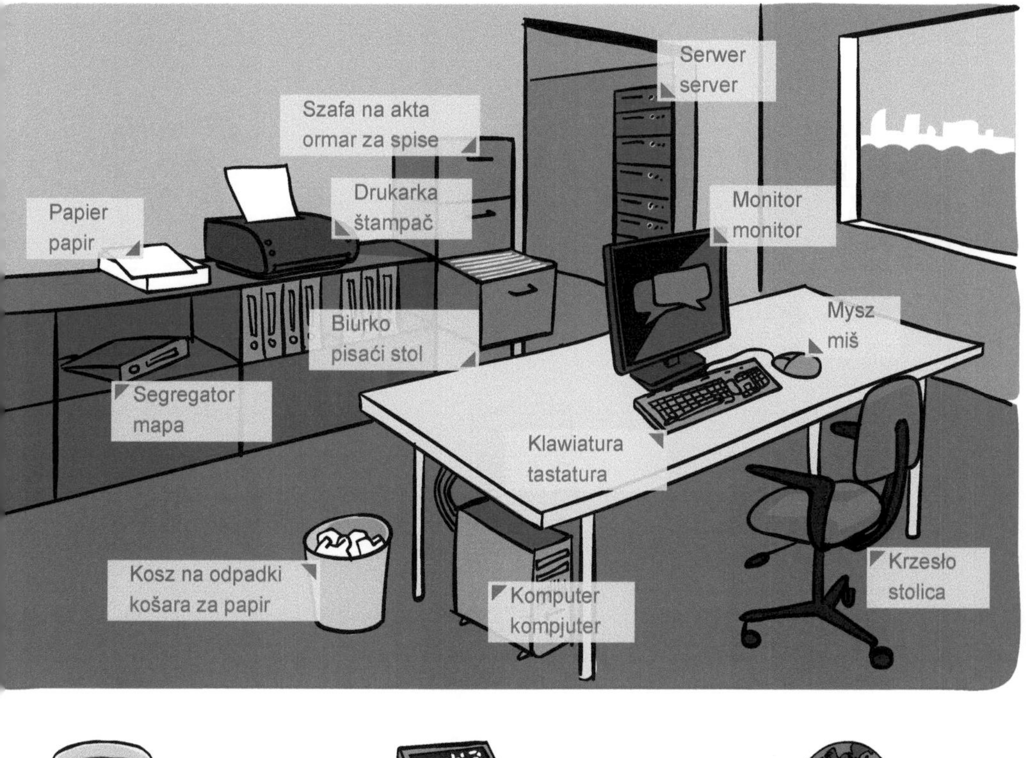

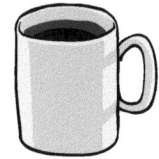

Filiżanka do kawy

šalica za kavu

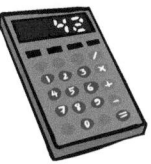

Kalkulator

kalkulator

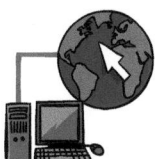

Internet

internet

Laptop

laptop

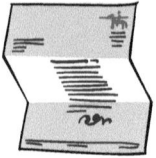

List

pismo

Wiadomość

poruka

Komórka

mobilni telefon

Sieć

mreža

Kopiarka

uređaj za kopiranje

Oprogramowanie

softver

Telefon

telefon

Gniazdko

utičnica

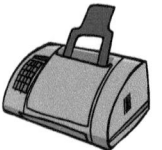

Faks

faks

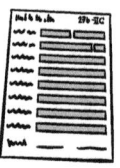

Formularz

formular

Dokument

dokument

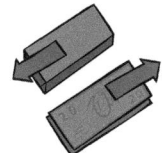

kupić
....
kupovati

płacić
....
platiti

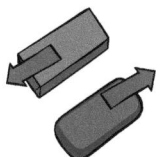

postępować
....
trgovati

Pieniądze
....
novac

Dolar
....
dolar

Euro
....
evro

Jen
....
jen

Rubel
....
rublja

Frank
....
švajcarski franak

Juan Renminbi
....
renmindbi juan

Rupia
....
rupija

Bankomat
....
automat za novac

Kantor wymiany walut

menjačnica

Złoto

zlato

Srebro

srebro

Olej

nafta

Energia

energija

Cena

cena

Umowa

ugovor

Podatek

porez

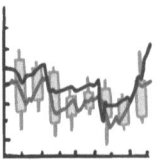

Akcja

deonica

pracować

raditi

Pracownik umysłowy

službenik

Pracodawca

poslodavac

Fabryka

fabrika

Sklep

prodavnica

Zawody
zanimanja

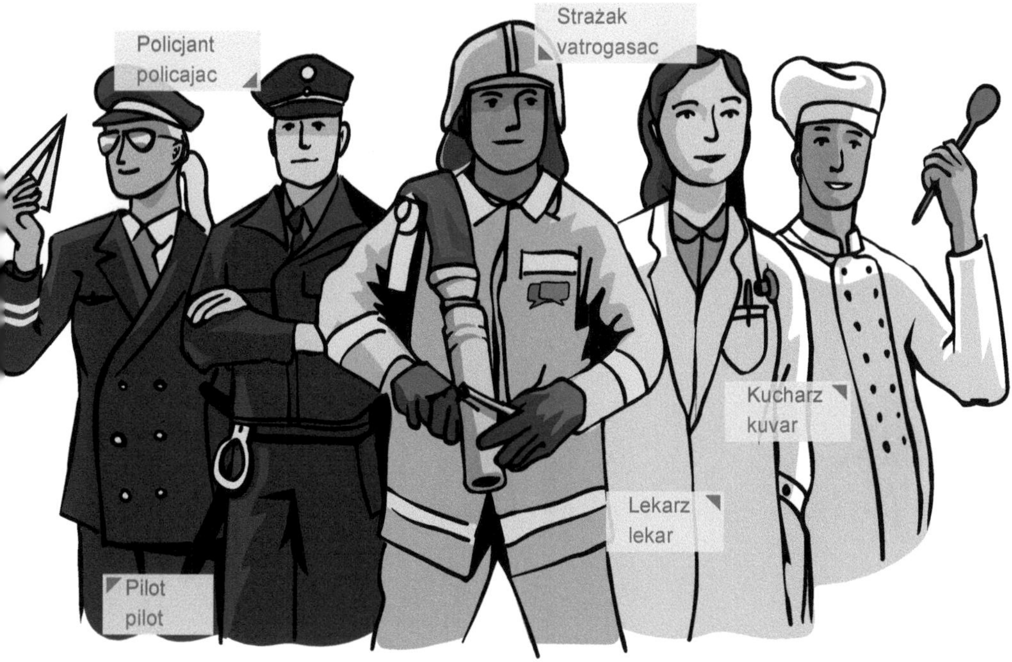
Policjant
policajac
Strażak
vatrogasac
Kucharz
kuvar
Lekarz
lekar
Pilot
pilot

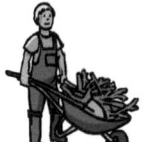

Ogrodnik
....
vrtlar

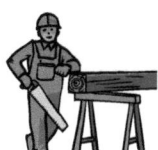

Stolarz
....
stolar

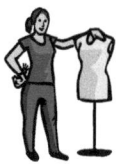

Krawcowa
....
krojačica

Sędzia
....
sudija

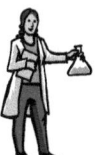

Chemik
....
hemičar

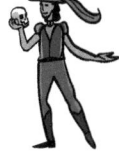

Aktor
....
glumac

Kierowca autobusu

vozač autobusa

Taksówkarz

vozač taksija

Fischer

ribar

Sprzątaczka

čistačica

Dekarz

krovopokrivač

Kelner

konobar

Myśliwy

lovac

Malarz

slikar

Piekarz

pekar

Elektryk

električar

Robotnik budowlany

građevinski radnik

Inżynier

inženjer

Rzeźnik

mesar

Instalator

limar

Listonosz

poštar

Żołnierz

vojnik

Architekt

arhitekta

Kasjer

blagajnik

Florysta

cvećar

Fryzjer

frizer

Konduktor

kondukter

Mechanik

mehaničar

Kapitan

kapetan

Dentysta

zubar

Naukowiec

naučnik

Rabin

rabi

Imam

imam

Mnich

monah

Proboszcz

svećenik

Narzędzia

alati

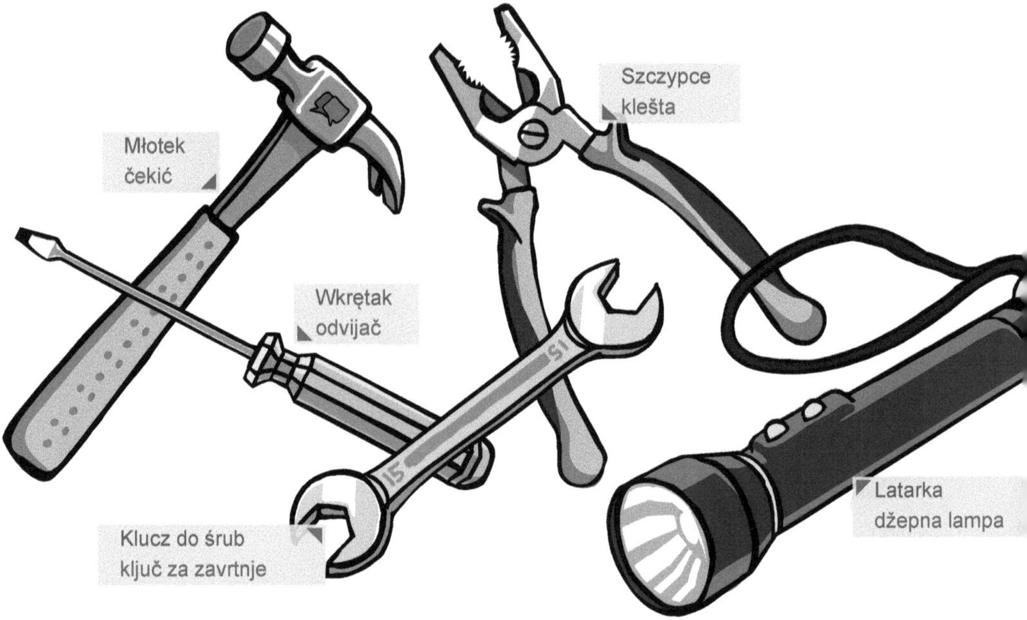
Młotek
čekić
Szczypce
klešta
Wkrętak
odvijač
Klucz do śrub
ključ za zavrtnje
Latarka
džepna lampa

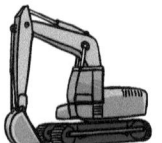

Koparka

bager

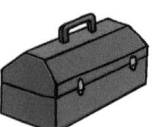

Skrzynka narzędziowa

kutija za alat

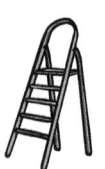

Drabina

merdevine

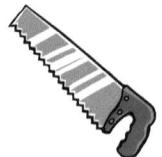

Piła

pila

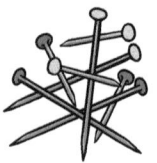

Gwoździe

ekser

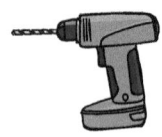

Wiertło

bušilica

naprawić
popraviti

Łopatka
lopata

Cholera!
do đavola!

Szufelka
lopatica

Puszka z farbą
lonac za boju

Śruby
zavrtanji

Instrumenty muzyczne
muzički instrument

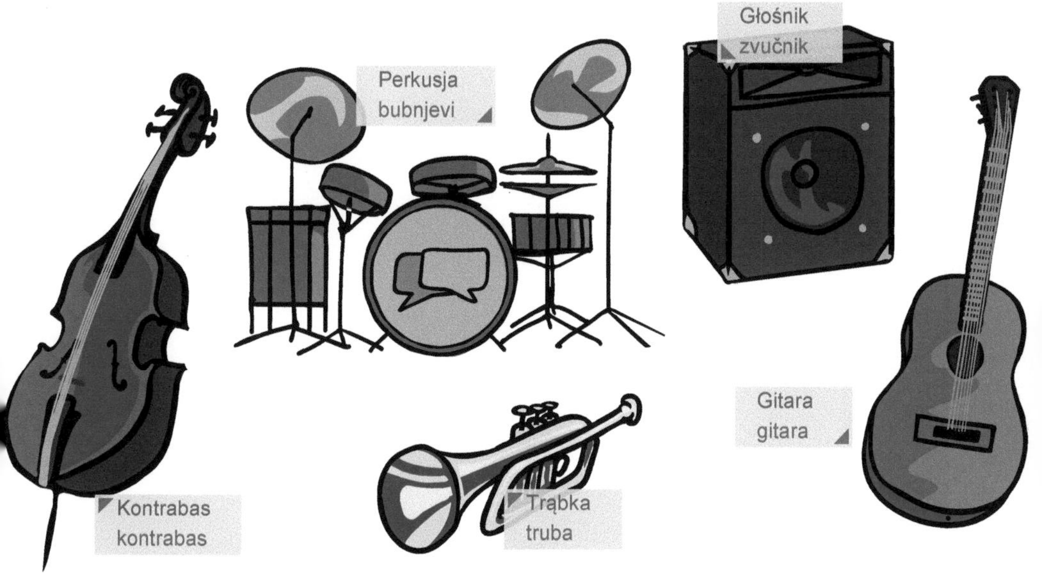

Głośnik
zvučnik

Perkusja
bubnjevi

Kontrabas
kontrabas

Trąbka
truba

Gitara
gitara

Pianino

klavir

Skrzypce

violina

Bas

bas

Kotły

timpani

Bęben

udaraljke za bubnjeve

Keyboard

tipke klavira

Saksofon

saksofon

Flet

flauta

Mikrofon

mikrofon

Zoo

zoološki vrt

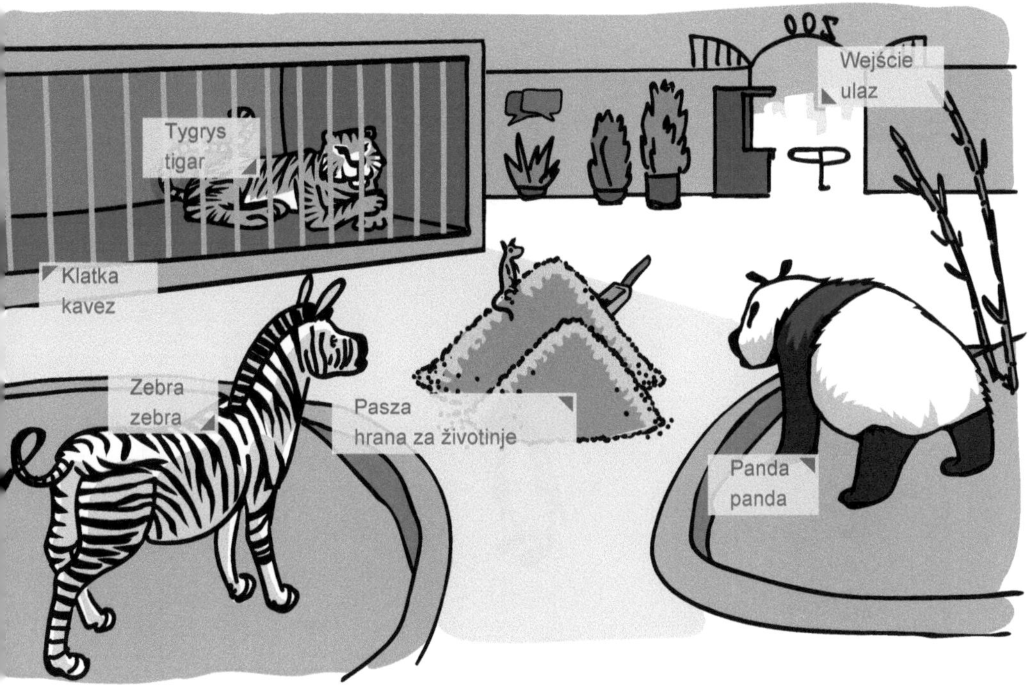
Tygrys
tigar
Wejście
ulaz
Klatka
kavez
Zebra
zebra
Pasza
hrana za životinje
Panda
panda

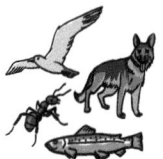

Zwierzęta

životinje

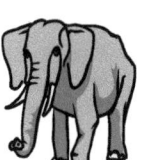

Słoń

slon

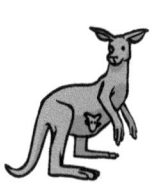

Kangur

kengur

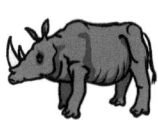

Nosorożec

nosorog

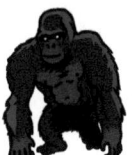

Goryl

gorila

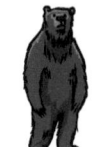

Niedźwiedź

medved

Wielbłąd

kamila

Struś

noj

Lew

lav

Małpa

majmun

Fleming

flamingo

Papuga

papagaj

Niedźwiedź polarny

polarni medved

Pingwin

pingvin

Rekin

ajkula

Paw

paun

Wąż

zmija

Krokodyl

krokodil

Dozorca w zoo

čuvar u zoološkom vrtu

Foka

tuljan

Jaguar

jaguar

Kucyk

poni

Gepard

leopard

Hipopotam

nilski konj

Żyrafa

żirafa

Orzeł

orao

Dzik

divlja svinja

Ryba

riba

Żółw

kornjača

Mors

morž

Lis

lisica

Gazela

gazela

Sport
sport

Futbol amerykański
američki nogomet

Kolarstwo
biciklizam

Tenis
tenis

Koszykówka
košarka

Pływanie
plivanje

Boks
boks

Hokej na lodzie
hokej na ledu

Piłka nożna
fudbal

Badminton
badminton

Lekka atletyka
atletika

Piłka ręczna
rukomet

Narciarstwo
skijanje

Polo
polo

Działania
aktivnosti

śmiać się
smejati se
skakać
skočiti
objąć
zagrliti
iść
ići
śpiewać
pevati
marzyć
sanjati
modlić się
moliti se
całować
poljubiti

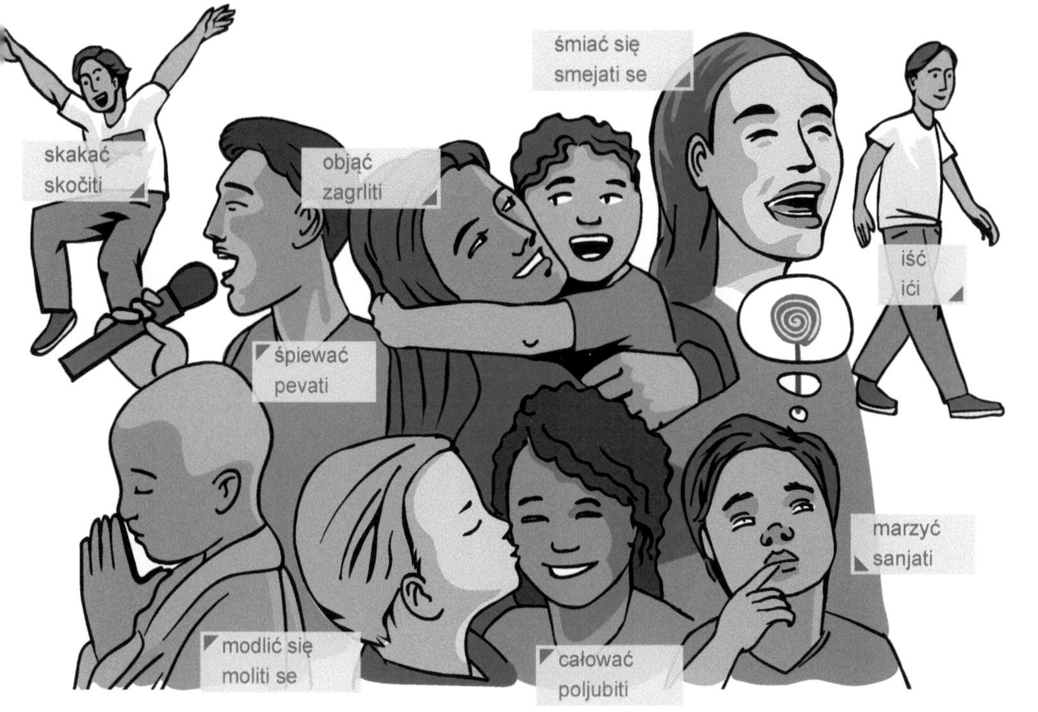

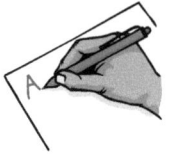

pisać

pisati

rysować

crtati

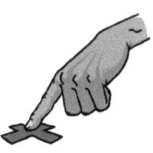

pokazywać

pokazati

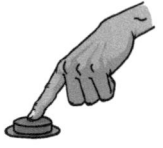

nacisnąć

gurati

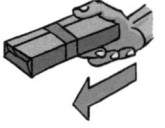

dać

dati

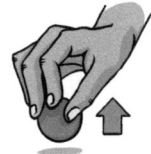

wziąć

uzeti

mieć
....
imati

robić
....
činiti

być
....
biti

stać
....
stojati

biegać
....
trčati

ciągnąć
....
povlačiti

rzucać
....
baciti

spaść
....
padati

leżeć
....
ležati

czekać
....
čekati

nosić
....
nositi

siedzieć
....
sediti

zakładać
....
oblačiti

spać
....
spavati

budzić się
....
probuditi se

spojrzeć

gledati

płakać

plakati

głaskać

milovati

czesać się

češljati

mówić

govoriti

rozumieć

razumeti

pytać

pitati

słyszeć

slušati

pić

piti

jeść

jesti

sprzątać

pospremiti

kochać

voleti

gotować

kuhati

jechać

voziti

latać

leteti

żeglować

ploviti

liczyć

računati

czytać

čitati

uczyć się

učiti

pracować

raditi

wejść w związek małżeński

venčati se

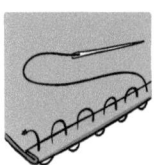

szyć

šiti

myć zęby

prati zube

zabić

ubiti

palić tytoń

pušiti

wysłać

poslati

Rodzina
porodica

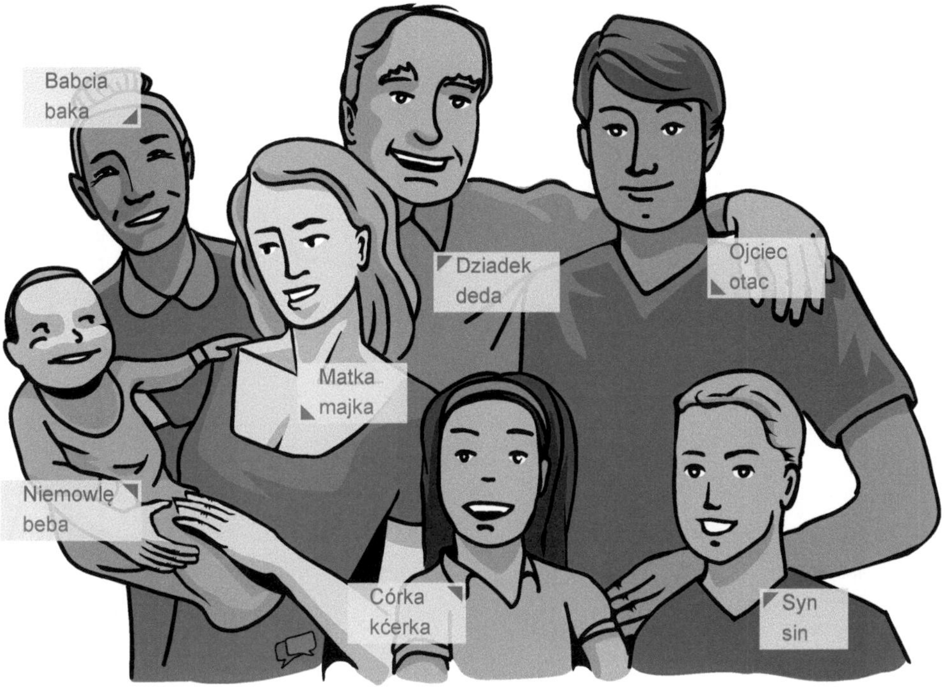
Babcia
baka
Dziadek
deda
Ojciec
otac
Matka
majka
Niemowlę
beba
Córka
kćerka
Syn
sin

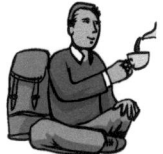

Gość

gost

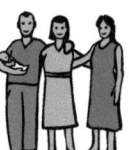

Ciotka

tetka

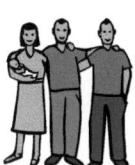

Wujek

ujak, stric

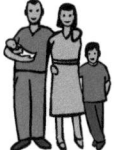

Brat

brat

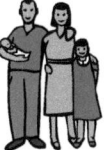

Siostra

sestra

Ciało

telo

Czoło
čelo
Oko
oko
Ramię
rame
Palec
prst
Twarz
lice
Broda
brada
Ręka
ruka
Noga
noga
Pierś
grudi
Ramię
ruka

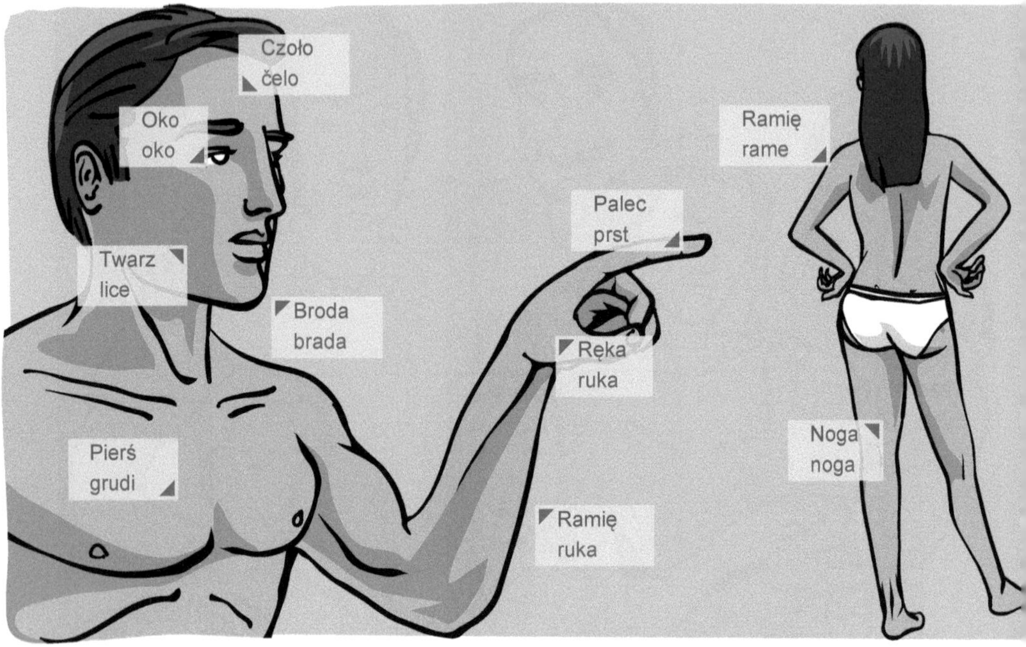

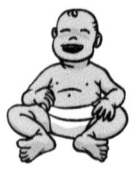

Niemowlę

beba

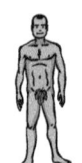

Mężczyzna

muškarac

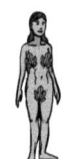

Kobieta

žena

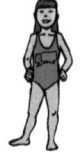

Dziewczyna

devojčica

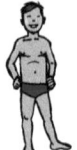

Chłopiec

dečak

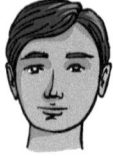

Głowa

glava

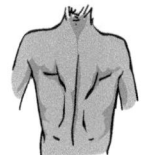

Plecy

leđa

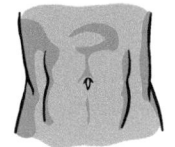

Brzuch

stomak

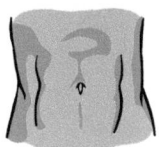

Pępek

pupak

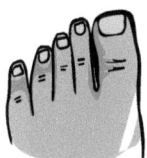

palec nogi

nožni prst

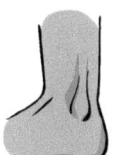

Pięta

peta

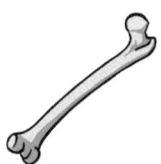

Kość

kost

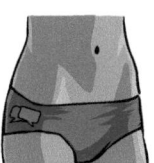

Biodro

kukovi

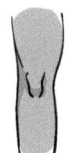

Kolano

koleno

Łokieć

lakat

Nos

nos

Pośladki

zadnjica

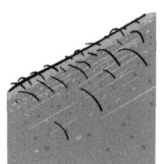

Skóra

koža

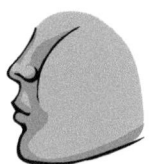

Policzek

obraz

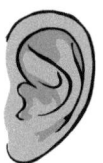

Uszy

uvo

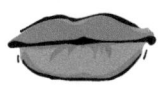

Warga

usna

Usta

usta

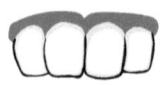

Ząb

zub

Język

jezik

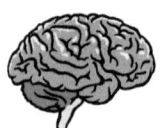

Mózg

mozak

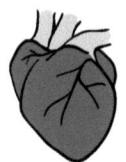

Serce

srce

Mięsień

mišić

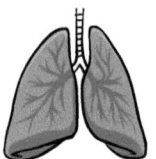

Płuca

pluća

Wątroba

jetra

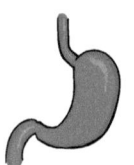

Żołądek

željudac

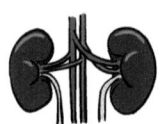

Nerki

bubrezi

Stosunek płciowy

polni odnos

Kondom

kondom

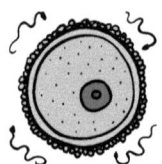

Komórka jajowa

jajna ćelija

Sperma

sperma

Ciąża

trudnoća

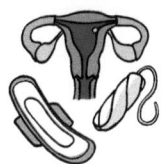

Menstruacja

menstruacija

Wagina

vagina

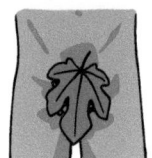

Penis

penis

Brew

obrva

Włosy

kosa

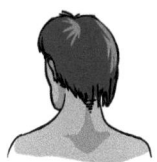

Szyja

vrat

Szpital
bolnica

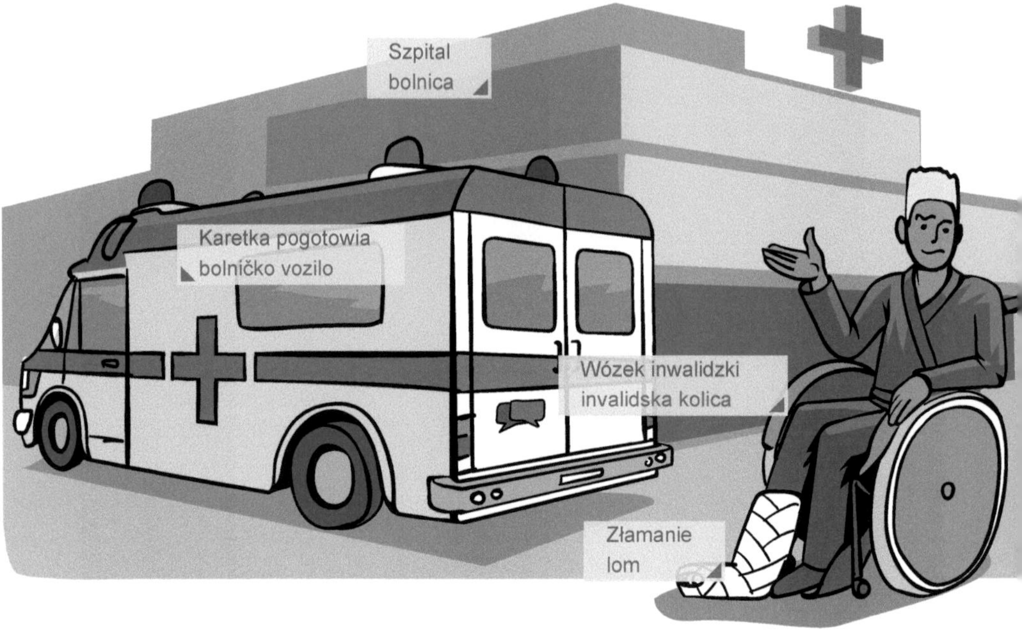

Szpital
bolnica
Karetka pogotowia
bolničko vozilo
Wózek inwalidzki
invalidska kolica
Złamanie
lom

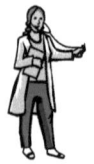

Lekarz

lekar

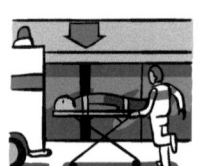

Izba przyjęć

hitna medicinska služba

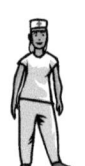

Pielęgniarka

medicinska sestra

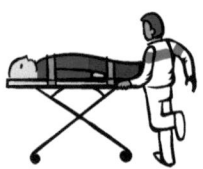

Nagły przypadek

hitni slučaj

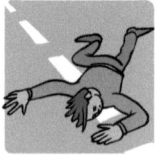

nieprzytomny

nesvest

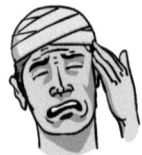

Ból

bol

Skaleczenie

povreda

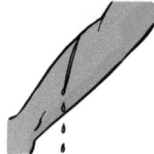

Krwawienie

krvarenje

Zawał serca

srčani udar

Udar mózgu

udar

Alergia

alergija

Kaszleć

kašalj

Gorączka

groznica

Grypa

gripa

Biegunka

proliv

Ból głowy

glavobolja

Rak

rak

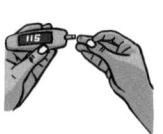

Cukrzyca

dijabetes

Chirurg

hirurg

Skalpel

skalpel

Operacja

operacija

CT
ct

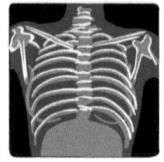

Rentgen
rentgen

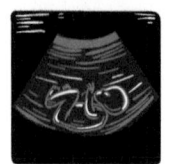

Ultradźwięki
ultrazvuk

Maska
maska

Choroba
bolest

Poczekalnia
čekaona

Kula
štaka

Plaster
flaster

Opatrunek
zavoj

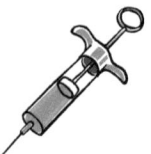

Iniekcja
injekcija

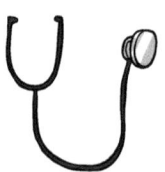

Stetoskop
stetoskop

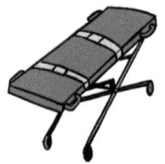

Nosze
nosila

Termometr
termometar

Poród
rođenje

Nadwaga
prekomerna težina

Aparat słuchowy

slušni aparat

Środek dezynfekcyjny

sredstvo za dezinfekciju

Infekcja

infekcija

Wirus

virus

HIV / AIDS

HIV / AIDS

Medycyna

medicina

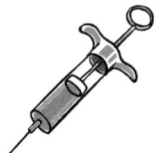

Szczepienie

vakcinacija

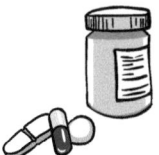

Tabletki

tablete

Pigułka

pilula

Telefon ratunkowy

hitni poziv

Ciśnieniomierz krwi

uređaj za merenje pritiska

chory / zdrowy

bolesno / zdravo

Pomocy!

pomoć!

Alarm

alarm

Napad

nasrtaj

Atak

napad

Niebezpieczeństwo

opasnost

Wyjście awaryjne

izlaz u slučaju nužde

Pożar!

pożar!

Gaśnica

protivpožarni aparat

Wypadek

nezgoda

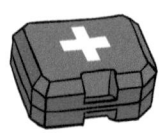

Walizeczka pierwszej pomocy

kutija prve pomoći

SOS

sos

Policja

policija

Europa

Evropa

Ameryka Północna

Severna Amerika

Ameryka Południowa

Južna Amerika

Afryka

Afrika

Azja

Azija

Australia

Australija

Atlantyk

Atlantik

Pacyfik

Pacifik

Ocean Indyjski

Indijski okean

Ocean Antarktyczny

Antarktički okean

Ocean Arktyczny

Arktički ocean

Biegun północny

Severni pol

Biegun południowy

Jużni pol

Antarktyda

Antarktik

Ziemia

zemlja

Kraj

zemlja

Morze

more

Wyspa

otok

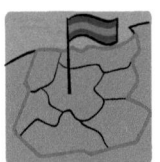

Naród

nacija

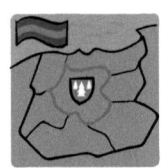

Państwo

država

Cyferblat

brojčanik sata

Wskazówka godzinowa

satna kazaljka

Wskazówka minutowa

minutna kazaljka

Wskazówka sekundowa

sekundna kazaljka

Która godzina?

Koliko je sati?

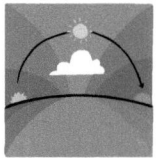

Dzień

dan

Czas

vreme

teraz

sada

Zegarek digitalny

digitalni sat

Minuta

minuta

Godzina

čas

Tydzień
sedmica

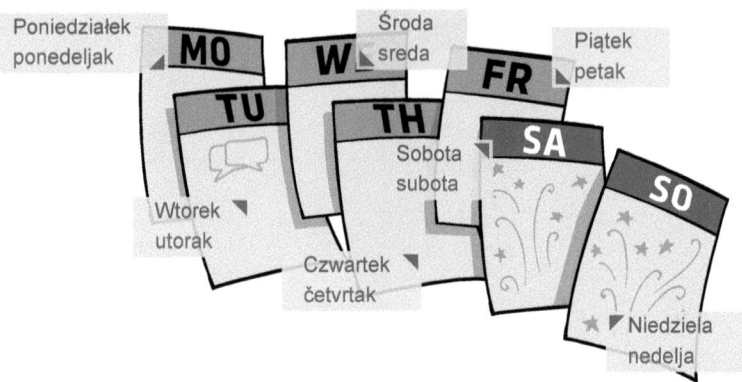

Poniedziałek
ponedeljak

Środa
sreda

Piątek
petak

Wtorek
utorak

Sobota
subota

Czwartek
četvrtak

Niedziela
nedelja

wczoraj

juče

dzisiaj

danas

jutro

sutra

Rano

jutro

Południe

podne

Wieczór

veče

MO	TU	WE	TH	FR	SA	SU
1	2	3	4	5	6	7
8	9	10	11	12	13	14
15	16	17	18	19	20	21
22	23	24	25	26	27	28
29	30	31	1	2	3	4

Dni robocze

radni dani

MO	TU	WE	TH	FR	SA	SU
1	2	3	4	5	6	7
8	9	10	11	12	13	14
15	16	17	18	19	20	21
22	23	24	25	26	27	28
29	30	31	1	2	3	4

Weekend

vikend

Rok
godina

Deszcz
kiša
Tęcza
duga
Wiatr
vetar
Śnieg
sneg
Wiosna
proleće
Lato
leto
Jesień
jesen
Zima
zima

4.APRIL 11°
5.APRIL 4°
6.APRIL 13°
7.APRIL 8°
8.APRIL 10°

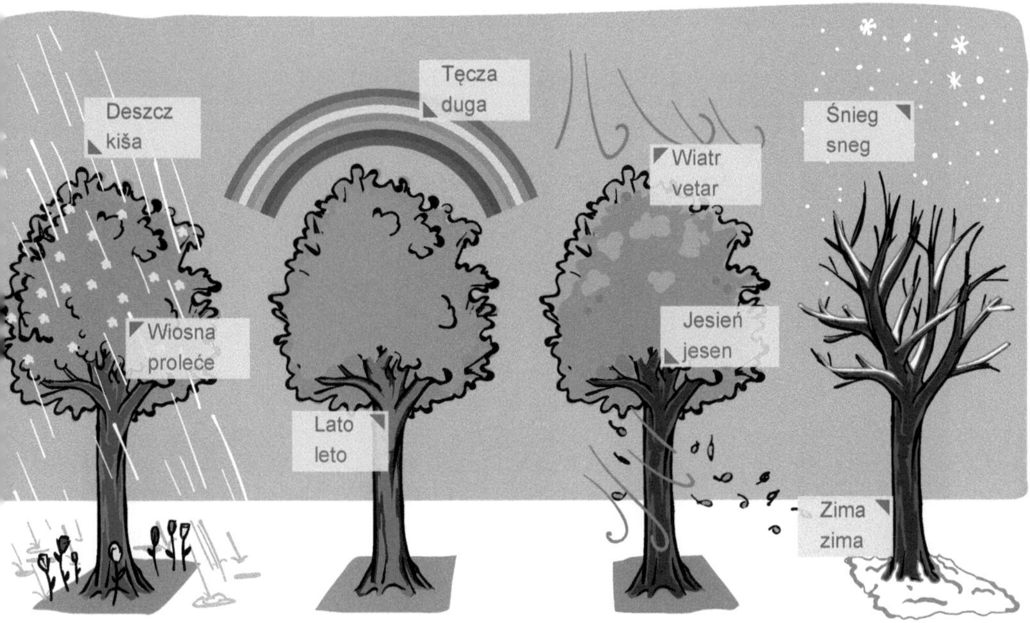

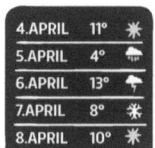

Prognoza pogody

meteorološka prognoza

F C
120 40
90 30
60 20
30 10
0 0
-30 -10
-20

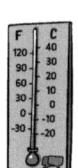

Termometr

termometar

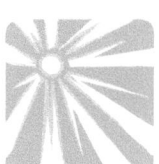

Światło słoneczne

sunčana svetlost

Chmura

oblak

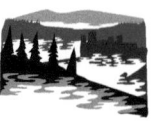

Mgła

magla

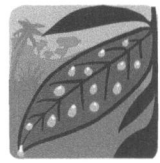

Wilgotność powietrza

vlažnost vazduha

Błyskawica

munja

Grzmot

grmljavina

Sztorm

oluja

Grad

tuča

Monsun

monsun

Potop

poplava

Lód

led

Styczeń

januar

Luty

februar

Marzec

mart

Kwiecień

april

Maj

maj

Czerwiec

juni

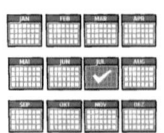

Lipiec

juli

Sierpień

avgust

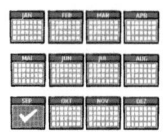

Wrzesień
....
septembar

Październik
....
oktobar

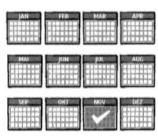

Listopad
....
novembar

Grudzień
....
decembar

Kształty
oblici

Koło
....
krug

Kwadrat
....
kvadrat

Prostokąt
....
pravougao

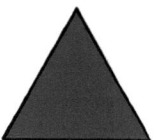

Trójkąt
....
trougao

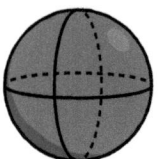

Kula
....
kugla

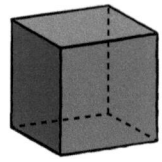

Sześcian
....
kocka

Kolory
boje

biały
....
bela

żółty
....
žuta

pomarańczowy
....
narandžasta

różowy
....
ružičasta

czerwony
....
crvena

liliowy
....
ljubičasta

niebieski
....
plava

zielony
....
zelena

brązowy
....
smeđa

szary
....
siva

czarny
....
crna

dużo / mało
....
mnogo / malo

wściekły / spokojny
....
ljutito / mirno

piękny / brzydki
....
lepo / ružno

początek / koniec
....
početak / kraj

duży / mały
....
veliko / maleno

jasny / ciemny
....
svetlo / tamno

brat / siostra
....
brat / sestra

czysty / brudny
....
čisto / prljavo

kompletny / niekompletny
....
potpuno / nepotpuno

dzień / noc
....
dan / noć

umarły / żywy
....
mrtvo / živo

szeroki / wąski
....
široko / usko

jadalny / niejadalny

jestivo / nejestivo

zły / uprzejmy

zlo / dobro

podniecony / znudzony

uzbuđeno / dosadno

gruby / chudy

debelo / mršavo

najpierw / na końcu

na početku / na kraju

przyjaciel / wróg

prijatelj / neprijatelj

pełen / pusty

puno / prazno

twardy / miękki

tvrdo / mekano

ciężki / lekki

teško / lagano

głód / pragnienie

glad / žeđ

chory / zdrowy

bolesno / zdravo

nielegalny / legalny

ilegalno / legalno

inteligentny / głupi

pametno / glupo

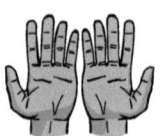

lewo / prawo

levo / desno

bliski / daleki

blizu / daleko

nowy / używany

novo / polovno

nic / coś

ništa / nešto

stary / młody

staro / mlado

włącz / wyłącz

uključeno / isključeno

otwarty / zamknięty

otvoreno / zatvoreno

cichy / głośny

tiho / glasno

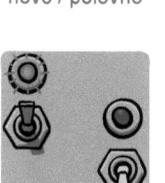

bogaty / biedny

bogato / siromašno

prawidłowy / błędny

tačno / pogrešno

chropowaty / gładki

hrapavo / glatko

smutny / szczęśliwy

tužno / sretno

krótki / długi

kratko / dugo

powolny / szybki

polako / brzo

mokry/suchy

mokro / suho

ciepły / chłodny

toplo / hladno

wojna / pokój

rat / mir

brojevi

0

zero

nula

1

jeden

jedan

2

dwa

dva

3

trzy

tri

4

cztery

četiri

5

pięć

pet

6

sześć

šest

7

siedem

sedam

8

osiem

osam

9

dziewięć

devet

10

dziesięć

deset

11

jedenaście

jedanaest

12

dwanaście
dvanaest

13

trzynaście
trinaest

14

czternaście
četrnaest

15

piętnaście
petnaest

16

szesnaście
šestnaest

17

siedemnaście
sedamnaest

18

osiemnaście
osamnaest

19

dziewiętnaście
devetnaest

20

dwadzieścia
dvadeset

100

sto
stotinu

1.000

tysiąc
hiljadu

1.000.000

milion
milion

Angielski
engleski

Angielski amerykański
američki engleski

Chiński mandaryński
mandarinski kineski

Hindi
hindski

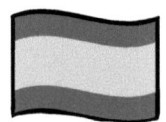

Hiszpański
španski

Francuski
francuski

Arabski
arapski

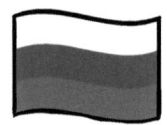

Rosyjski
ruski

Portugalski
portugalski

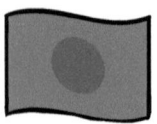

Bengalski
bengalski

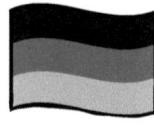

Niemiecki
nemački

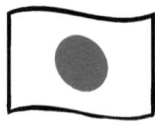

Japoński
japanski

ja

ja

ty

ti

on / ona / ono

on / ona / ono

my

mi

wy

vi

oni

oni

kto?

Ko?

co?

Šta?

jak?

Kako?

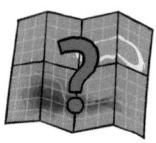

gdzie?

Gde?

kiedy?

Kada?

Nazwisko

ime

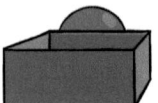

za
....
iza

w
....
u

przed
....
ispred

powyżej
....
preko

na
....
na

pod
....
ispod

obok
....
pored

między
....
između

Miejsce
....
mesto